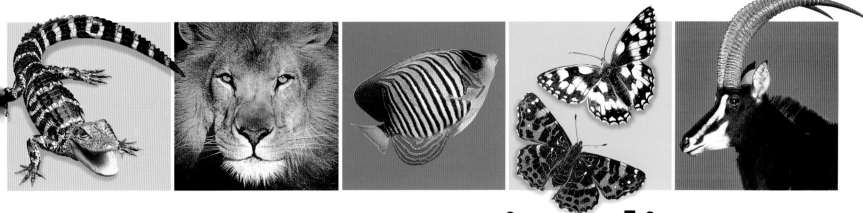

Mon premier livre des animaux

L'outil idéal pour découvrir le monde des animaux

Christiane Gunzi

Texte français d'Isabelle Allard

Éditions
SCHOLASTIC

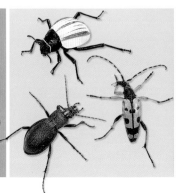

Édition publiée par les Éditions Scholastic, 175 Hillmound Road,
Markham (Ontario) L6C 1Z7

Créé et produit par Picthall and Gunzi Limited

Directrice de la rédaction : Christiane Gunzi
Conception graphique : Dominic Zwemmer
Graphisme : Paul Calver et Ray Bryant
Rédaction : Carmen Hansen
Conseillères : Diana Bentley, détentrice d'une maîtrise en littérature
jeunesse, et Jane Whitwell, éducatrice spécialisée
Conseillère en histoire naturelle : Barbara Taylor Cork

Catalogage avant publication de la Bibliothèque nationale du Canada
Gunzi, Christiane
Mon premier livre des animaux / Christiane Gunzi ; texte français d'Isabelle Allard.
Traduction de: My world animals.
Pour les 2-5 ans.
ISBN 0-439-96715-5
1. Animaux--Ouvrages pour la jeunesse. I. Allard, Isabelle II. Titre.
QL49.G8614 2004   j591   C2003-906890-0

Reproduction : Colourscan, Singapour
Impression et reliure : Wing King Tong, Chine
L'éditeur tient à remercier les personnes et entreprises ci-dessous de lui avoir permis de reproduire
leurs photographies :

Pour Bruce Coleman Limited :
Animal Ark, Franco Banfi, Erik Bjurstrom, Jane Burton, John Cancalosi, Alain Compost,
Sarah Cook, Mike Hill, Harald Lange, Robert Maier, Joe McDonald, Natural Selection Inc, Dr Scott
Nielsen, Pacific Stock, Photobank Yokohama, Andrew Purcell, Hans Reinhard, Kim Taylor, Colin
Varndell, Jim Watt, Staffan Widstrand

Pour Frank Lane Picture Agency :
K. Aitken/Panda, Ron Austing, F. Bavendam/Minden, Richard Becker, J. Brandenburg/Minden, B.B.
Casals, Peter Davey, K. Delport, Dembinsky, Wendy Dennis, Tom et Pam Gardner, J. Hawkins, David
Hosking, D. et E. Hosking, M. Iwago/Minden, Gerard Lacz, F. Lanting/Minden, T. Mangelsen/Minden,
K. Maslowski, S. Maslowski, Chris Mattison, W. Meinderts/Foto Natura, M. Moltett/Minden, Fritz
Polking, C. Rhodes, Walther Rohdich, L. Lee Rue, Silvestris, Jurgen et Christine Sohns, M. J. Thomas,
Roger Tidman, Larry West, T. Whittaker, Roger Wilmshurst, D.P. Wilson, Winfried Wisniewski, Martin B.
Withers, K. Wothe/Minden, S. Yoshino/Minden

Pour ImageState :
Nick Garbutt, Martin Ruegner

Pour NHPA :
Daryl Balfour, Andy Rouse

Pour Science Photo Library :
Suzanne L. et Joseph T. Collins, Tim Davis

Pour Warren Photographic :
Jane Burton, Kim Taylor, Mark Taylor

Pour Woodfall Wild Images :
Adrian Dorst

Veuillez prendre note que nous avons fait tout en notre pouvoir pour vérifier l'exactitude des
informations contenues dans cet ouvrage et pour reconnaître les détenteurs de droits d'auteur.
Nous nous excusons pour toute erreur ou omission qui aurait pu s'y glisser et serons heureux
d'apporter les corrections nécessaires dans une édition future.

4 4 3 2 1 Imprimé en Chine 04 05 06 07

Table des matières

Note aux parents et aux enseignants   4

Bonjour, les animaux!   6

Les principaux groupes d'animaux présentés de façon
claire et simple : les mammifères, les oiseaux, les
reptiles, les amphibiens, les poissons et les insectes.

Compte les bestioles!   8

Des chenilles aux papillons en passant par les fourmis
et les abeilles, voici les insectes les plus courants, ainsi
que les araignées et les scorpions.

Animaux à nageoires   10

Bienvenue dans le monde fascinant et coloré des
poissons, où évoluent l'énorme requin-baleine,
la minuscule épinoche et le petit hippocampe.

Animaux à fourrure   12

Pour découvrir différents mammifères, généralement
couverts d'un pelage, dont la taille varie de la petite
taupe au gros bison velu.

Animaux à plumes   14

Des oiseaux de partout dans le monde, allant du
minuscule moineau à la grande autruche. L'enfant
constatera que tous les oiseaux ont des becs, et
que la plupart volent et construisent des nids.

Animaux à écailles   16

Place aux reptiles! Les serpents, lézards et autres animaux pourvus d'écailles ont tous besoin des rayons du soleil pour demeurer au chaud.

La famille des grenouilles   18

Les grenouilles, les crapauds et les autres amphibiens sont parfois très colorés et ont de drôles de noms! L'enfant s'amusera à les découvrir et à compter les têtards.

Ils sautent, ils courent, ils volent!   20

Les animaux se déplacent de multiples façons. En répondant aux questions, l'enfant identifiera lesquels courent, volent, nagent, grimpent, rampent ou ondulent.

Grandes oreilles et dents pointues! 22

Certains animaux ont de très grandes oreilles, de longues défenses ou de grands yeux. L'enfant pourra observer chacun d'eux et désigner leurs caractéristiques.

Cornes, épines et carapace   24

Les animaux se protègent de bien des manières. Voici des moyens de défense courants, comme les bois des caribous et les piquants des hérissons.

Taches et rayures   26

Pour se fondre dans leur environnement, les animaux ont parfois d'étonnants modes de camouflage, comme les rayures du tigre et les taches du léopard.

Que font les animaux?   28

Les animaux peuvent manger, dormir, se reposer, se laver, se battre et jouer! L'enfant s'amusera à trouver ce que fait chacun des animaux dans ces pages.

Les bébés des animaux   30

Poussins, canetons, faons... Les bébés des animaux ont des noms bien spéciaux. L'enfant raffolera de ces photos montrant leurs animaux favoris et leurs petits.

Où vivent les animaux?   32

Les animaux vivent dans toutes sortes d'endroits : un terrier, un arbre, un marais, l'océan... Ce dernier segment montre aux enfants que, comme eux, chaque animal a sa maison.

Note aux parents et aux enseignants

Ce livre a été élaboré en collaboration avec des parents et des experts en éducation, afin de faire découvrir aux jeunes enfants le monde fascinant des animaux.
À l'aide de questions et d'activités stimulantes, il passe en revue les principaux groupes d'animaux, de façon simple et systématique. À la fois divertissant et éducatif, *Mon premier livre des animaux* permettra à l'enfant d'âge préscolaire d'acquérir des compétences essentielles dans le domaine de la reconnaissance des nombres et du développement du langage.

Quelques conseils :

- Installez-vous de manière confortable pour lire avec votre enfant.

- Encouragez-le et félicitez-le.

- Avancez à son rythme et permettez-lui de choisir les pages qui lui plaisent.

- Parlez-lui des animaux qu'il voit dans le livre, et demandez-lui de désigner ceux qu'il préfère.

- Quand vous vous promenez, montrez-lui des animaux et parlez-en avec lui.

Un banc de priacanthes

Bienvenue dans le monde des animaux!

La façon dont ce livre a été conçu permet aux enfants d'aborder les groupes d'animaux un à la fois. Il commence avec un survol des groupes principaux, dont les insectes, les oiseaux, les reptiles et les poissons. On passe ensuite à des sections sur chacun des groupes, des bestioles aux gros mammifères. Finalement, l'enfant peut observer les habitats et les bébés des animaux, ainsi que leur mode de déplacement et de camouflage. Chaque thème est présenté clairement et simplement, et plus de 200 photographies aux couleurs vives permettent d'admirer un grand nombre d'animaux, des plus connus aux moins familiers.

Comment utiliser ce livre

Lorsque vous consultez ce livre avec l'enfant, il est important de créer une atmosphère calme qui l'aidera à établir son propre rythme. Veillez à l'encourager souvent et à terminer la lecture sur une note positive.

Si vous encouragez l'enfant à établir des liens entre les mots et les illustrations, vous l'aiderez à acquérir de la confiance et à s'amuser tout en apprenant. En utilisant ce livre avec l'enfant, demandez-lui d'aller au-delà de ce que montrent les pages, et abordez avec lui d'autres aspects de l'histoire naturelle qui peuvent l'intéresser.

Amusez-vous!

Rappelez-vous que c'est en s'amusant et en jouant que les enfants parviennent le mieux à accroître leur compréhension du monde qui les entoure. Peu importe la façon dont vous utiliserez ce livre, de nombreuses heures de plaisir et d'apprentissage vous attendent. Amusez-vous bien!

Des questions interactives stimulantes encouragent l'enfant à bien observer chacune des illustrations.

Des activités soigneusement élaborées amusent l'enfant et l'aident à fixer son attention.

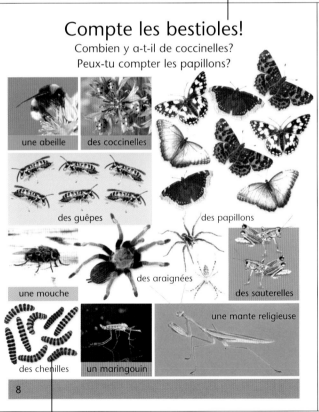

Compte les bestioles!

Combien y a-t-il de coccinelles?
Peux-tu compter les papillons?

une abeille — des coccinelles — des guêpes — des papillons — une mouche — des araignées — des sauterelles — des chenilles — un maringouin — une mante religieuse

8

Combien y a-t-il de coléoptères?
Où est la libellule?
Combien de perce-oreilles vois-tu?

un scorpion — des coléoptères — un scolopendre — des perce-oreilles — un papillon de nuit — un mille-pattes — un frelon

Des photographies aux couleurs vives représentant plus de 200 animaux différents suscitent l'intérêt de l'enfant.

Bonjour, les animaux!

Quels animaux ont six pattes?
Lesquels sont couverts de plumes?

Les limaces et les vers sont mous et visqueux.

des vers

une limace

Les limaces et les vers

Les insectes ont six pattes.

un coléoptère

des fourmis

un papillon

Les insectes

Les araignées et les scorpions ont huit pattes.

un scorpion

une araignée

Les araignées et les scorpions

Les crabes et les homards ont une carapace.

un crabe

un homard

Les crabes et les homards

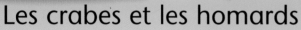

Les grenouilles et les crapauds vivent sur terre et dans l'eau.

une grenouille

un crapaud

Les grenouilles et les crapauds

Les serpents et les tortues sont des reptiles. Ils sont couverts d'écailles.

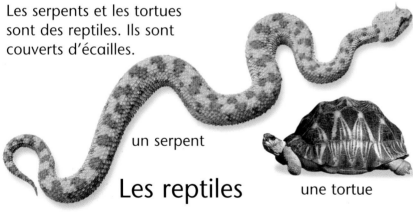

un serpent

Les reptiles

une tortue

Les poissons nagent et vivent dans l'eau.

un poisson-chat

un requin

Les poissons

des poissons rouges

Tous les oiseaux ont des plumes, et presque tous peuvent voler!

une hirondelle

un colibri

une colombe

un héron

un ara

un macareux

Les oiseaux

Lesquels de ces animaux ont des poils?
Montre-moi la petite souris!
Connais-tu le nom de tous ces animaux?

un hippopotame

des chimpanzés

une souris   une gerbille

un singe

Certains mammifères sont très velus, et tous allaitent leurs petits!

un fourmilier

un rhinocéros

une girafe

une baleine

Les mammifères

Compte les bestioles!

Combien y a-t-il de coccinelles?
Peux-tu compter les papillons?

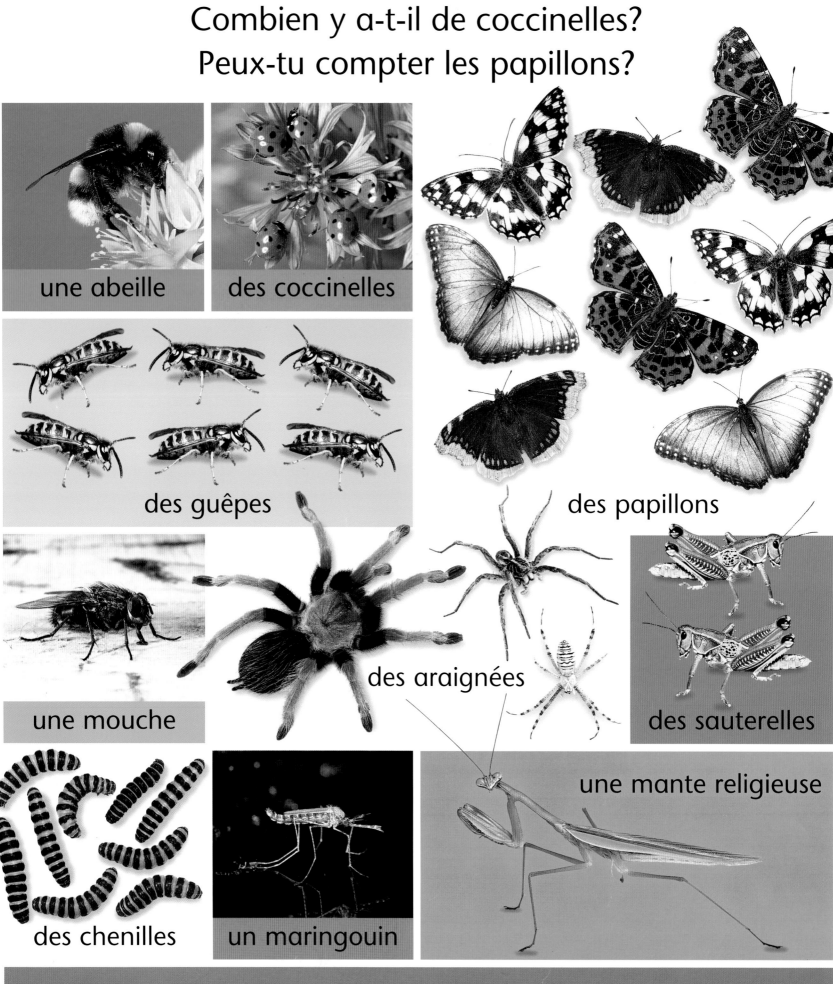

une abeille

des coccinelles

des guêpes

des papillons

une mouche

des araignées

des sauterelles

des chenilles

un maringouin

une mante religieuse

Combien y a-t-il de coléoptères?
Où est la libellule?
Combien de perce-oreilles vois-tu?

un scorpion

des coléoptères

un scolopendre

une libellule

des perce-oreilles un papillon de nuit

un mille-pattes un frelon des fourmis

Animaux à nageoires

Vois-tu un banc de poissons orange?
Peux-tu trouver deux épinoches?

un poisson-lion

un poisson-papillon

un piranha

une morue

un banc de priacanthes

des épinoches

un requin des récifs

Vois-tu l'énorme requin-baleine?
Montre-moi l'espadon pointu!
Où est l'hippocampe jaune?

un requin-baleine

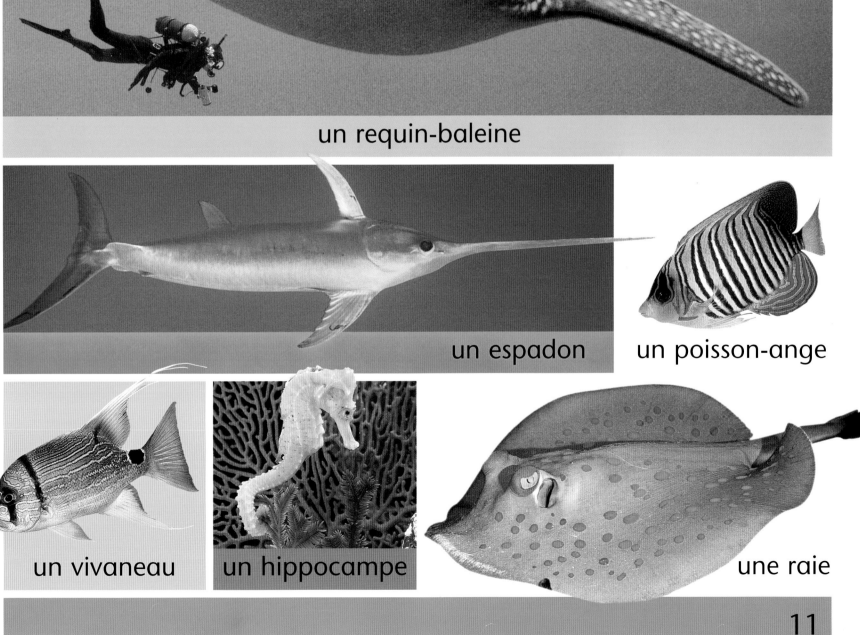

un espadon

un poisson-ange

un vivaneau

un hippocampe

une raie

Animaux à fourrure

Où est l'ours noir?

Combien de koalas vois-tu?

un écureuil

un lion

un gorille

un opossum

un ours noir

un cochon d'Inde

un castor

des koalas

Que fait le panda?
Peux-tu trouver le gros gorille?
Montre-moi la crinière du lion!

une taupe

une marmotte

un dromadaire

un loup

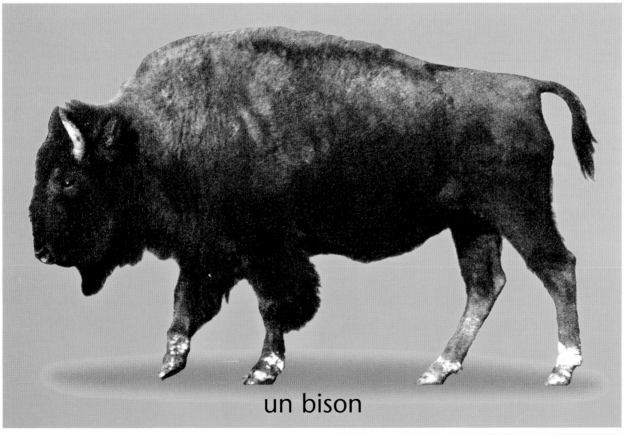

un bison

un panda

Animaux à plumes
Quels oiseaux sont en train de voler?
Vois-tu le moineau sur une branche?

un moineau

une hirondelle

un pélican

un manchot

un aigle

un pigeon

un flamant

une bernache

un hibou

un vautour

un émeu

Vois-tu des oisillons dans un nid?
Quel oiseau a un poisson dans son bec?
Montre-moi l'autruche et l'émeu!

une mouette

un perroquet

une crécerelle

une grive

un pic-bois

un macareux

une autruche

Animaux à écailles

Quel animal nage dans la mer?
Vois-tu les trois serpents?

un alligator

un cobra

un caméléon

une tortue

une vipère

un varan

Quel animal a beaucoup de dents pointues?
Vois-tu le petit gecko vert?
Où est le caméléon à la queue enroulée?

un boa

un iguane

une tortue

un scinque

un gecko

un lézard

un crocodile

La famille des grenouilles
Où est la grenouille verte aux yeux rouges?
Compte les têtards!

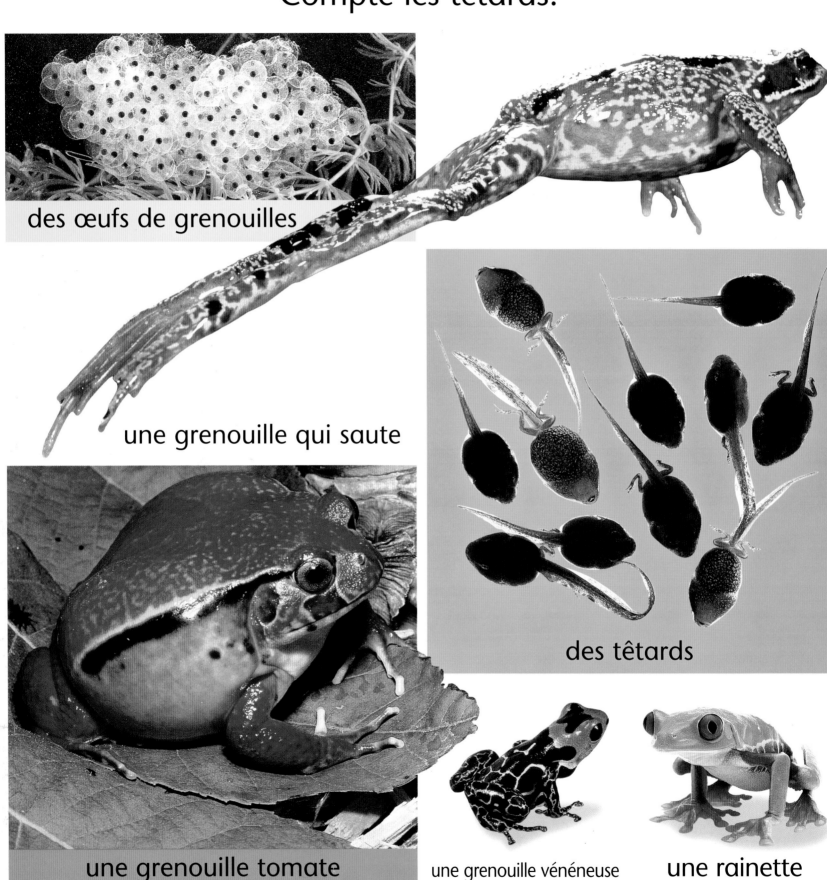

des œufs de grenouilles

une grenouille qui saute

des têtards

une grenouille tomate

une grenouille vénéneuse

une rainette

Peux-tu trouver le crapaud à la peau bosselée?
Quel animal est en train de nager?
Montre-moi la salamandre!

une grenouille commune

un triton

un axolotl

une salamandre

un crapaud

Ils sautent, ils courent, ils volent!

Vois-tu le hibou qui vole?
Que fait le gibbon?

un hibou qui vole

un lion
qui court

un gibbon qui se balance

un
escargot
qui
rampe

une pieuvre
qui nage

un impala qui bondit

Quels oiseaux plongent dans la mer?
Trouve un raton laveur qui grimpe à un arbre!
Que fait le guépard?

un kangourou
qui saute

un dauphin
qui saute

des manchots qui plongent

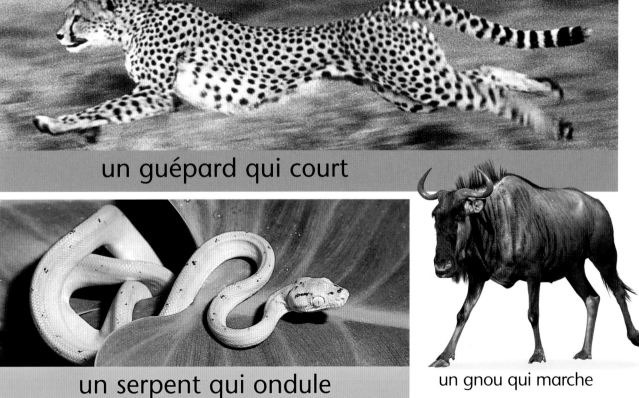

un guépard qui court

un raton laveur qui grimpe

un serpent qui ondule

un gnou qui marche

Grandes oreilles et dents pointues!

Quels animaux ont de grandes oreilles?
Montre-moi ceux qui ont de longues défenses!

un lynx

un hippopotame

un morse

un requin

Vois-tu des animaux à moustaches?
Où est le poisson aux dents pointues?
Montre-moi un animal qui sort la langue!

un toucan

un galago

un varan

un fennec

un
éléphant

Cornes, épines et carapace

Voix-tu le crabe à la carapace dure?

Quel animal a une grosse corne sur le nez?

un crabe

un tatou

un rhinocéros

un poisson porc-épic

un orignal

Vois-tu deux animaux qui ont des bois?
Trouve le tatou!
Montre-moi des animaux qui ont des épines!

un oursin

un porc-épic

un buffle

un caribou

un hérisson

une antilope

Taches et rayures

Montre-moi le léopard tacheté!
Peux-tu trouver un autre animal tacheté?

un léopard

un suisse

une grenouille

un huard

une anguille

un caïman

des dalmatiens

Où est le tigre rayé?
Combien d'animaux rayés vois-tu?
Nomme tous les animaux!

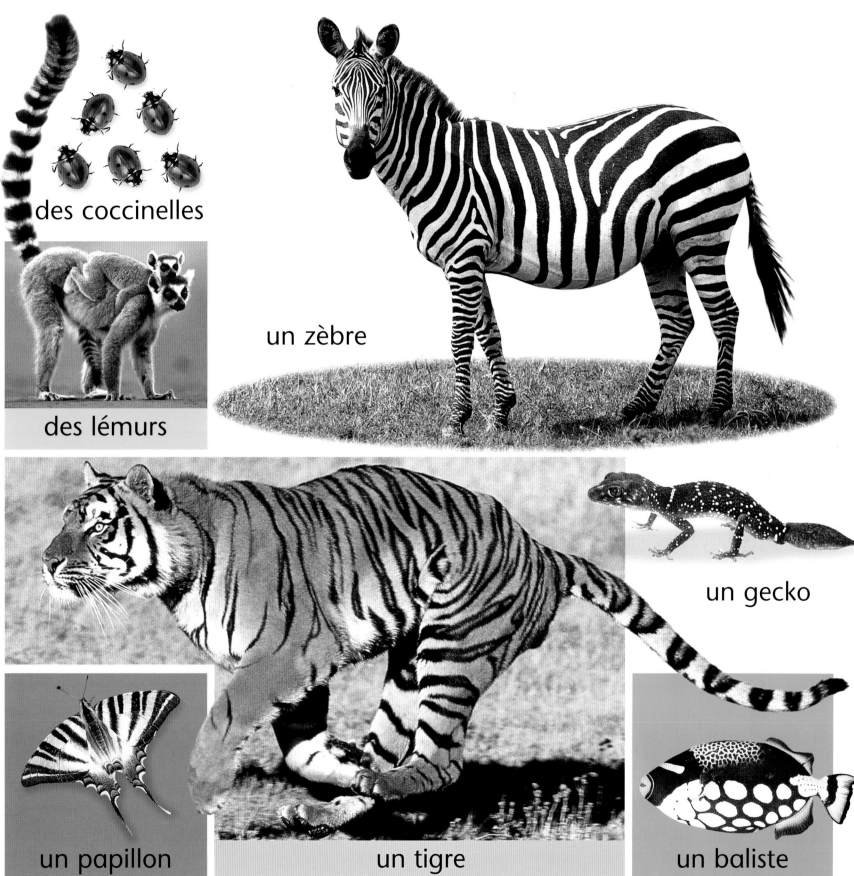

des coccinelles

des lémurs

un zèbre

un gecko

un papillon

un tigre

un baliste

Que font les animaux?

Quels animaux sont en train de manger?
Montre-moi ceux qui dorment!

un lapin qui bâille

une abeille qui vole

des lionnes qui se lavent

un orang-outan qui joue

une loutre qui dort

une tortue qui mange

Vois-tu deux animaux qui jouent?
Trouve celui qui transporte quelque chose!
Que fait le jaguar?

un renard arctique qui dort

un martin-pêcheur qui transporte un poisson

un poisson qui se cache

un koala qui mange

un chiot qui joue

un jaguar qui boit

Les bébés des animaux

Où sont la chatte et son chaton?
Vois-tu la jument et son poulain?

une chienne
et ses chiots

un cygne
et ses oisillons

une chèvre
et son chevreau

une chatte et
son chaton

une chevrette
et son faon

une jument et
son poulain

une renarde et son renardeau

un éléphant et
son éléphanteau

Combien d'oursons y a-t-il?
Montre-moi les cochonnets!
Compte tous les canetons!

une poule et ses poussins

une brebis et son agneau

un kangourou et son bébé

une truie et ses cochonnets

une vache et son veau

une ourse et ses oursons

une cane et ses canetons

un phoque et son blanchon

Où vivent les animaux?
Quels animaux vivent dans la neige?
Où vivent les baleines?

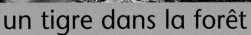
un tigre dans la forêt

une araignée sur sa toile

une roussette dans un arbre

des ours polaires dans la neige

une souris dans un trou

une étoile de mer dans l'eau

une baleine dans la mer

un lapin dans un terrier